LES

CONGRÉGATIONS

ET L'IMPOT

DU DROIT D'ACCROISSEMENT

—— Prix : **25** centimes

LYON

IMPRIMERIE LÉON DELAROCHE et Cⁱᵉ
85, rue de la République, 85
1896

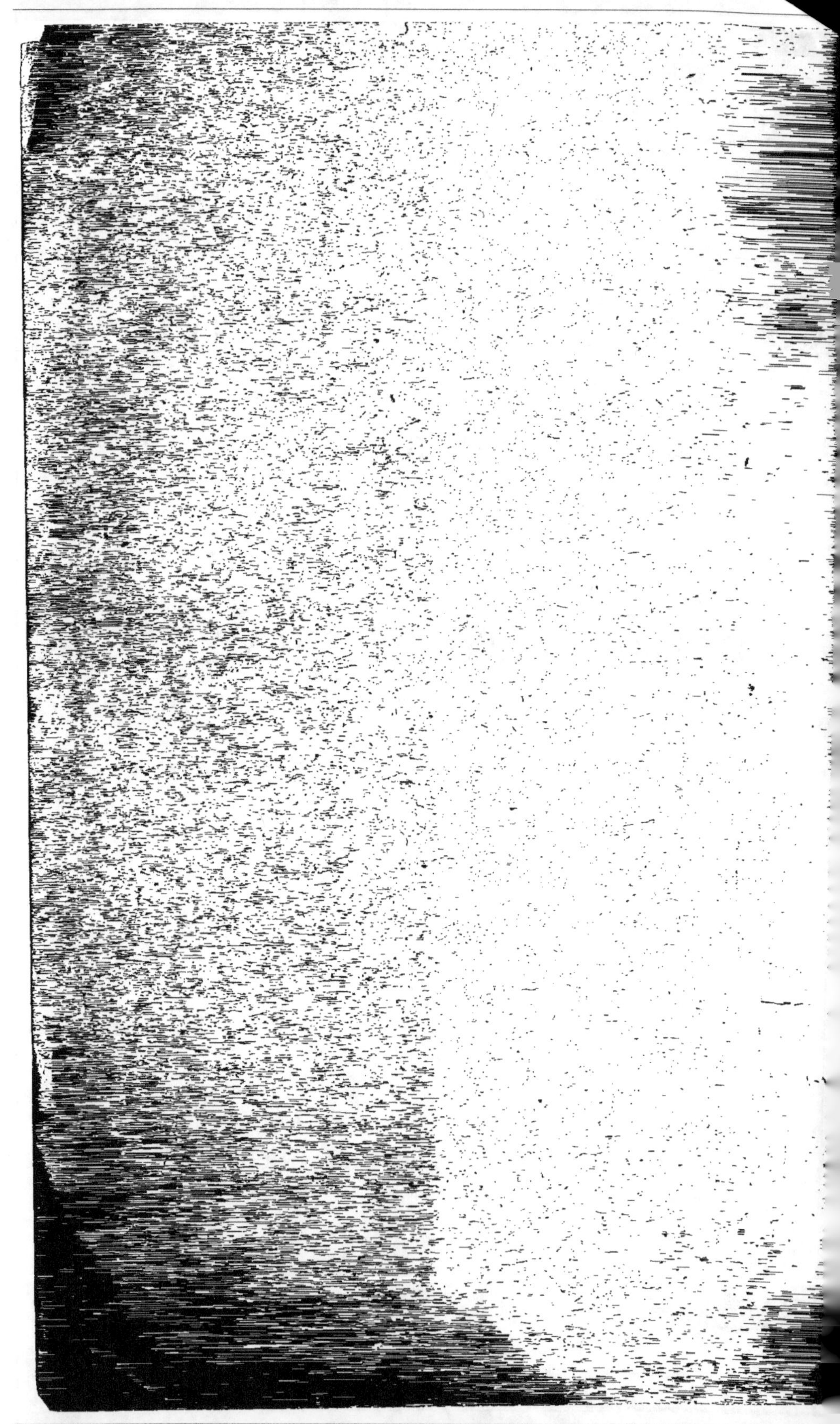

LES

CONGRÉGATIONS

ET L'IMPOT

DU DROIT D'ACCROISSEMENT

Prix : **25** centimes

LYON

IMPRIMERIE LÉON DELAROCHE ET Cie
85, rue de la République, 85
1896

LES

CONGRÉGATIONS

ET L'IMPOT

DU DROIT D'ACCROISSEMENT

> « Rendez à César ce qui est
> à César et à Dieu ce qui est
> à Dieu ».

Les lois des 28 décembre 1880 (art. 3), 29 décembre 1884 (art. 9), et du 16 avril 1895 (art. 3 et suivants), imposent les revenus des Congrégations au même titre que les revenus des valeurs mobilières, et frappent leurs biens du droit d'accroissement.

Ces lois, quelles attaques violentes n'ont-elles pas eu à subir ? Quelles injures de tout genre ne leur a-t-on pas adressées ? Les établissements religieux sont habitués depuis si longtemps à jouir d'immunités et de privilèges, que si l'on essaye de les en dépouiller, on les entend immédiatement crier à la persécution, à la violation des grands principes de liberté et d'égalité.

On pourrait tout d'abord faire remarquer aux partisans des Congrégations que ces grands principes ne sont pas les leurs, qu'ils en parlent beaucoup aujourd'hui mais qu'ils oubliaient de les appliquer à leurs adversaires lorsqu'ils étaient au pouvoir. Il est vrai qu'en agissant ainsi ils mettent en pratique les paroles de Veuillot aux républicains de 1848 : « La liberté est dans votre programme, vous nous la devez lorsque vous êtes au pouvoir ; elle n'est pas dans le nôtre, nous ne vous la devons pas » (1).

Non ces grands principes ne sont pas violés, il suffit d'exposer ces différentes lois pour en démontrer l'équité et prouver que loin d'avoir été votées dans le but d'atteindre une certaine catégorie de citoyens à cause de l'habit qu'ils portent, elles l'ont été uniquement dans celui de leur appliquer le droit commun.

Toutefois avant de faire cet exposé il est utile de jeter un coup d'œil sur ce que l'on entend par biens de mainmorte, et de se rendre compte autant que possible de la fortune des Congrégations religieuses.

BIENS DE MAINMORTE

A l'origine, la mainmorte était l'état des serfs privés du droit de disposer de leurs biens lorsqu'ils décédaient sans descendance directe, c'était le seigneur qui les recueillait, et ces biens portaient le nom de biens de mainmorte, c'est-à-dire qu'ils étaient inaliénables (2).

Par extension, on appela et on appelle encore aujourd'hui biens

---

(1) Les cléricaux ont une logique remarquable : ils prêchent le principe de l'égalité de tous les citoyens devant l'impôt s'il s'agit du droit d'accroissement, mais ils se gardent bien d'en parler s'il s'agit du service militaire obligatoire pour tous. Ils réclament alors un privilège.

(2) Etymologie : *Manus* a déjà en droit romain et a conservé en vieux droit français le sens de puissance, domaine. Quant au sens de mort, en ce mot il est le même que dans le verbe amortir et signifie, sans forces. (*Dict.* de Littré, mot « mainmorte ».)

de mainmorte, ceux qui appartiennent à des associations qui ne meurent jamais, qui n'aliènent jamais et qui par suite ne donnent lieu à aucuns droits de succession. Les personnes morales qui les possèdent si elles n'aliènent jamais, acquièrent au contraire indéfiniment, et leur fortune arrive ainsi à prendre un développement considérable.

Parmi les associations de mainmorte, il y a une distinction à faire. Les unes, telles que les Sociétés commerciales, poursuivent un but déterminé, disparaissent lorsque ce but est atteint, et n'ont qu'une durée limitée. Les autres, telles que les Congrégations, sont des sociétés d'intérêt général dont le but est permanent ; elles se perpétuent sans cesse par l'adjonction de nouveaux membres. Ces dernières peuvent constituer un grand danger, soit au point devue social, soit au point de vue économique.

Elles sont un danger social, leur puissance grandit avec leur fortune, et elles arrivent à former un Etat dans l'Etat. Mais c'est surtout au point de vue économique (et sur ce point tout le monde est d'accord) qu'elles peuvent devenir dangereuses. Leurs biens, retirés de la circulation, ne participent plus aux échanges, ne profitent ni au commerce ni à l'industrie, ils s'accumulent sans cesse nuisant à la bonne répartition des richesses, et enfin ils produisent peu. Le but des gens de mainmorte est de thésauriser, de conserver, et non de se lancer dans des innovations où les capitaux courent de nombreux risques.

« Les économistes se sont de tout temps préoccupés du danger qui pouvait résulter pour une société du retrait d'une notable partie de la fortune nationale qui devenait inaliénable et était soustraite à tout mouvement commercial. Ce danger paraît d'autant plus grand que les établissements religieux produisant non seulement par leurs forces individuelles, mais encore par la puissance de l'association sont appelés à réaliser des bénéfices considérables dont ils ne consomment qu'une faible partie (1). »

(1) *Dict. des Finances* de Léon Say ; mot : « Congr. religieuses ».

Les biens de mainmorte sous l'ancien régime s'étaient tellement accrus et étaient devenus un tel fléau, qu'au xviiie siècle les rois essayèrent d'en arrêter le développement. En 1724, un édi[t] assujettit les gens de mainmorte à payer un droit d'amortissement lorsqu'ils acquéraient un immeuble ; en 1666 et en 1749 deux ordonnances restreignirent les fondations ecclésiastiques en les soumettant à une autorisation préalable du souverain. Cependant la fortune du clergé grandissait toujours menaçant de tout envahir (1).

Avant la Révolution les économistes montraient le danger de cet état de choses, Montesquieu (2), Turgot l'attaquaient violemment ; c'est celui-ci, qui devançant l'œuvre de la Constituante, pour justifier la main mise de l'Etat sur les biens de mainmorte, terminait ainsi son article « Fondations » dans l'*Encyclopédie* : « Si tous les hommes qui ont vécu avaient eu un tombeau et qu'il ne restât plus de terres pour cultiver, il faudrait bien détruire ces monuments inutiles, et secouer la cendre des morts pour nourrir les vivants ».

L'Assemblée Constituante, par la loi du 19 février 1790, supprima toutes les Congrégations religieuses, abolit la mainmorte, aliéna une partie des biens du clergé, transforma l'autre partie, faisant d'un clergé propriétaire un clergé salarié.

Mais dès le 18 Brumaire les Congrégations renaissent en

(1) « En Espagne, malgré la prépondérance de l'influence catholique, le gouvernement a été plusieurs fois obligé d'ordonner la vente d'une notable partie des biens des couvents. » (Léon Say, *op. cit.*)

(2) « Dans quelques pays de l'Europe la considération des droits des seigneurs a fait établir en leur faveur un droit d'indemnité sur les immeubles acquis par les gens de mainmorte. L'intérêt du prince lui a fait exiger un droit d'amortissement dans le même cas. En Castille où il n'y a point de droit pareil le clergé a tout envahi ; en Aragon où il a quelque droit d'amortissement il a acquis moins ; en France où ce droit et celui d'indemnité sont établis il a moins acquis encore, et l'on peut dire que la prospérité de cet Etat est due en partie à l'exercice de ces deux droits. Augmentez-les ces droits ; et arrêtez la mainmorte s'il est possible. » (Montesquieu, *Esp. des lois*, xxv — 5.)

France, le décret du 3 messidor an XII (21 juin 1804) permet à la mainmorte de se reconstituer. Cependant la loi exige toujours l'autorisation gouvernementale pour permettre aux associations religieuses soit de se fonder légalement, soit de recevoir à titre gratuit (1). Depuis cette époque elles n'ont fait que croître et prospérer, et leur fortune grandissante devient de nouveau un péril économique.

RICHESSE DES CONGRÉGATIONS

Quelle est la fortune des Congrégations religieuses? c'est une évaluation impossible à faire d'une manière exacte, les Congrégations ont toujours mis obstacle à toute espèce de recensement, usant de toutes les fraudes pour dissimuler la valeur de leurs biens. C'est ainsi que M. Brisson, dans la séance de la Chambre du 9 décembre 1890, parlant des déclarations faites au fisc par certaines d'entre elles pouvait démontrer combien elles étaient mensongères :

« Je passe, dit-il, aux frères des Ecoles chrétiennes ; sur l'état de 1880 ils sont portés pour :

Immeubles possédés	15.392.425 fr.
Immeubles occupés	15.585.655 »
TOTAL	30.978.080 fr.

« Ils ont déclaré :

Immeubles possédés	11.841.145 fr.
Immeubles occupés	4.731.853 »
TOTAL	16.572.998 fr.

(1) Déc. du 18 fév. 1809 — 3 juin 1812 — 23 janv. 1813. Loi du 24 mai 1825, Art. 910. C. civil.

« Soit un écart en moins de 14.405.082.

« Je prends une autre Congrégation, les frères de St-Jean de Dieu.

« Les chiffres de l'état de 1880, page 144, n° 730, sont ceux-ci :

Immeubles possédés...................	5.285.000 fr.
Immeubles occupés...................	1.450.000 »
TOTAL.........	6.735.000 fr.

« Chiffre de la déclaration de 1886 la voici, Messieurs, la déclaration elle-même 3.680.613 fr., différence en moins : 3.054.387 fr. (1) »

D'autre part si approximativement on peut évaluer les biens des Congrégations autorisées, comment évaluer ceux des Congrégations non autorisées, la plupart sont dissimulés entre les mains de prête-noms.

Déjà, en 1864, les auteurs d'un rapport sur le dénombrement des congrégations, dressé sur les ordres de M. Rouland, ministre des cultes, se plaignaient en ces termes des manœuvres employées par celles-ci pour s'y soustraire : « Il a fallu les plus grands efforts pour arriver à connaître exactement non seulement le chiffre des individus, mais le nom véritable et précis de la communauté mère à laquelle ils appartiennent ». Et cela sous le régime qui fut le plus favorable au développement des associations religieuses.

Différentes statistiques ont été dressées de la propriété immobilière des établissements religieux. D'après une enquête faite en 1880, ils possédaient en France, à cette époque, au nombre de 1,265, 36,000 hectares d'une valeur vénale de 712 millions.

____

(1) Séance du 9 déc. 1890 — M. Brisson cite beaucoup d'autres faits ; ainsi pour les sœurs de la Charité de Bourges, un écart de 1.441.041, sur une évaluation de 3.432.850 — pour les Bénédictines de Caluire (Rhône), un écart de 555.000 fr. sur une évaluation de 875.000 — pour les Petits Frères de Marie, un écart de 2.693.075 sur une évaluation de 6.193.075.

Ce chiffre a toujours été contesté par les Congrégations, et en 1895, on l'a réduit pour le calcul de la taxe d'abonnement, à 381 millions; leur fortune mobilière étant évaluée à 111 millions.

Quelle est celle de ces deux évaluations qui se rapproche le plus de la vérité ? Il semblerait bien que ce fût la première lorsqu'on se rend compte de l'accroissement considérable et rapide, non pas de la valeur, mais de la contenance des biens immobiliers (chiffre qui ne peut être discuté) et si l'on vérifie la quotité des legs et donations que les établissements religieux reçoivent chaque année.

En 1846, les Congrégations possédaient 6,850 hectares, en 1859, elles en possèdent 14,660 hectares, et aujourd'hui près de 40,000 hectares. Ce qui donne un accroissement d'environ huit cents hectares par an, depuis cinquante ans.

D'autre part, de 1860 à 1875, les établissements religieux reconnus ont reçu en moyenne, chaque année, des donations ou des legs pour une valeur de plus de 10 millions. Depuis cette époque, le Conseil d'Etat, se montrant plus rigoureux, la moyenne de la valeur des biens qu'ils recueillent ainsi, doit être réduite à cinq millions par an. De plus, à tous ces chiffres, il faut nécessairement ajouter les revenus et les produits capitalisés, ainsi que toutes les valeurs données sous forme déguisée aux Congrégations non autorisées (1).

On voit, si l'on tient compte de tous ces chiffres, que le chiffre adopté en 1895, doit être au-dessous de la vérité. Néanmoins, nous l'adopterons pour toute la discussion qui va suivre.

---

(1) En 1875, les dons et les legs faits aux établissements religieux ont une valeur de 11,390,000 fr.

En 1878 de 8,065,126 francs, en 1879, de 7.750,279 francs, et en 1881, de 4,873,752 fr. En 1883, 7,238,391 fr., et en 1889, 6,127,211. (*Ann. Econ. politique.*)

RÉGIME FISCAL DES CONGRÉGATIONS

En dehors des dangers économiques que nous venons de signaler, pouvant résulter de l'accroissement exagéré des biens de mainmorte, il en existe un autre au point de vue purement fiscal. On sait combien sont élevés les droits d'enregistrement perçus à l'occasion des mutations entre vifs ou par décès. Or, les biens appartenant à une personne morale supposée ne jamais mourir, à cause de leur nature même, ne payeront pas les impôts de ce genre ; d'autre part, les gens de mainmorte aliènent bien plus rarement que les autres propriétaires.

Il faut donc, au nom du principe de l'équitable répartition des charges entre tous, créer des impôts spéciaux représentatifs de ces droits, comme d'ailleurs l'avait déjà fait l'ancien régime, en édictant le droit d'amortissement.

Loi du 20 février 1849.

Cette loi eut déjà pour but de réparer cette inégalité ; elle décida que les immeubles appartenant aux personnes morales légalement reconnues, seraient frappées d'une taxe qui, actuellement, s'élève à 70 centimes par franc du principal de l'impôt foncier.

Etait-ce suffisant ? Tout d'abord, les immeubles appartenant aux Congrégations non autorisées, échappaient de droit à cette taxe, ainsi que toutes les valeurs mobilières des unes et des autres, tandis qu'elle frappe les immeubles des sociétés anonymes, qui, presque toujours, sont mobilisés, c'est-à-dire ont leur valeur représentée par des actions ou des obligations. Or, lorsque les détenteurs de ces valeurs mobilières décèdent, leurs héritiers n'en sont pas moins obligés de payer les droits de mutation. Si la taxe de mainmorte était véritablement l'équivalent de ceux-ci, ce seraient donc doubles droits en réalité que payeraient les actionnaires ou les obligataires des sociétés anonymes, en tant que leurs actions ou obligations représentent l'actif immobilier (1).

Pour les Congrégations, la taxe de mainmorte établie en vertu de la loi de 1849, d'après M. de Ramel lui-même, est un impôt s'élevant à 0 fr. 10 °/₀ de la valeur immobilière. Or c'est à peine la représentation des droits de mutation à titre onéreux, que l'enregistrement percevrait si ces associations aliénaient aussi souvent que les autres propriétaires. En effet, les immeubles soumis au régime de la libre circulation, changent de main environ tous les vingt ans ; les droits de vente s'élevant au moins à 7 °/₀, c'est donc 0,35 °/₀ de leur valeur que payent chaque année au Trésor leurs propriétaires.

Restent donc les droits de mutation à titre gratuit, quelle était à cet égard la situation des Congrégations religieuses vis-à-vis du fisc ?

<h3 style="text-align:center">Loi du 28 Décembre 1880 (2).</h3>

Jusqu'en 1880, la jurisprudence après avoir beaucoup varié, avait décidé que lorsque, dans une association, au moyen de la

---

(1) La taxe annuelle des biens de mainmorte payée par les sociétés anonymes à raison des immeubles qu'elles possèdent, n'affranchit pas leurs actions industrielles dans la proportion pour laquelle ces actions représentent l'actif immobilier, des droits de mutation exigibles des actionnaires en cas de transmission entre vifs ou par décès. — Trib. de Carcassonne, 10 janvier 1860. (Dall. P. 61 — 3 — 23.)

(2) Cette loi visait toutes les sociétés ou associations civiles admettant l'adjonction de nouveaux membres, et dans lesquelles les accroissements opérés par suite de clause de réversion, passent de la tête de ceux qui cessent de faire partie de la société ou association sur celle des membres restants.

clause de réversion, la part des associés qui cessent d'en faire partie est dévolue aux associés restants, le droit à appliquer était le droit proportionnel de 0,50 °/₀, droit perçu à l'occasion de la cession à titre onéreux des actions de société.

C'était là un tarif de faveur, aussi la loi du 28 décembre 1880, dans son article 4, trancha la question en sens contraire, elle décida que lorsque les réversions se réaliseraient, le droit à percevoir (droit d'accroissement) serait le droit de mutation à titre gratuit de 9 °/₀ plus les décimes, au total 11,25 °/₀. En réalité, cette loi ne créait pas un impôt nouveau, elle statuait seulement sur la quotité du droit.

Il était un autre impôt à la perception duquel les Congrégations échappaient, c'était la taxe sur le revenu des valeurs mobilières établie par la loi du 29 juin 1872. En effet, les Tribunaux décidaient qu'elle ne devait pas être perçue toutes les fois que d'après les statuts de l'association il n'était pas procédé à la distribution des bénéfices sociaux (1). Or, la loi du 28 décembre 1880, impose les revenus des établissements religieux, les mettant ainsi sur le même pied que ceux des autres sociétés.

Dès ce jour, la guerre est déclarée entre les Congrégations et l'Enregistrement ; tous les moyens jugés bons pour échapper à la perception de ces deux impôts sont employés, refus de communiquer les noms des membres de l'Association, refus de communiquer les livres de compte, le chiffre des revenus, en un mot fraudes et mensonges de tout genre. Les Congrégations se coalisent pour lutter plus efficacement, leurs journaux les encouragent dans cette résistance à un impôt légalement établi.

Pour l'impôt sur le revenu, les Congrégations autorisées prétendirent que le décret du 4 messidor, an XIII, qui donne aux agents de la Régie un droit d'investigation sur tous les registres, minutes et actes concernant l'administration des établissements publics, ne leur était pas applicable, et par suite impossibilité de contrôler leurs déclarations. De plus « lorsque les Congrégations

____

(1) Non distribution de bénéfices ne veut pas dire absence de bénéfices.

déposent des délibérations de leurs Conseils d'administration, les garanties du Trésor ne paraissent pas bien sérieuses, car on ne se trouve pas comme dans les sociétés ordinaires, en présence d'actionnaires ayant des intérêts divers et souvent opposés, et qui, par leurs discussions, mettent en lumière la situation véritable (1) ».

Pour le droit d'accroissement, l'Administration se trouva en présence des mêmes difficultés. La loi exigeait trois conditions principales pour que ce droit fut perçu ; il fallait que les membres de l'Association aient un droit personnel de propriété sur les biens sociaux, et que les statuts contiennent les deux clauses de réversion et d'adjonction de nouveaux membres, cette dernière assurant à la société une durée illimitée.

Tout d'abord la loi ne se trouvait pas applicable aux Congrégations autorisées, les membres de ces Associations n'ayant aucun droit personnel de propriété sur les biens sociaux, et quant aux Congrégations non autorisées, elles trouvèrent facilement le moyen de supprimer de leurs statuts une des deux clauses de réversion ou d'adjonction de nouveaux membres, tout en conservant et le même but et les mêmes avantages.

En présence de la mauvaise foi des associations religieuses, et de la rédaction défectueuse de la loi, il fallait en modifier le texte. c'est ce que fit le législateur dans l'article 9 de la loi de finances du 29 décembre 1884.

Loi du 29 décembre 1884.

En ce qui concerne la taxe sur le revenu, la loi de 1884 en a assuré la perception. Elle permet à l'administration de se passer des déclarations des établissements religieux, en décidant que la taxe de $4°/_0$ sera basée sur le revenu, évalué à forfait à $5°/_0$, de la

(1) Léon Say, *Dict. des Finances*, Ve Congrégation.

valeur brute des biens. C'était appliquer à ces associations le régime auquel sont soumises toutes les sociétés qui n'ont pas de Conseil d'administration. Sur ce point, la question était définitivement tranchée, et les Congrégations ne pouvaient échapper à l'application de loi.

Quant au droit d'accroissement en 1884, le législateur distingue entre les associations religieuses et celles qui ne présentent pas ce caractère. Ces dernières doivent réunir les conditions exigées par la loi de 1880 pour être soumises à l'impôt, tandis que les associations religieuses y sont soumises sans condition.

Les Congrégations ne pouvant plus combattre le principe de l'impôt s'attaquèrent à son mode de perception.

D'après les lois des 22 frimaire. an VII (art. 27) et 27 ventôse, an IX (art. 2), « les mutations par décès doivent être enregistrées au bureau de la situation des biens pour les immeubles et les meubles corporels, et d'autre part l'impôt proportionnel se liquide de 20 en 20 francs (1) ».

L'Enregistrement soutint que les Congrégations devaient faire une déclaration dans chaque circonscription de bureaux d'enregistrement où elles possédaient des biens, tandis que celles-ci prétendaient qu'il suffisait d'une seule déclaration au bureau du siège social.

Les prétentions de l'Enregistrement, basées en droit, conduisaient en pratique à un abus. « Ainsi, l'institut des Ecoles Chrétiennes, possédant des biens dans 365 circonscriptions de bureaux d'enregistrement, devait faire 365 déclarations, donnant chacune droit à une perception minimum de 2 fr. 25. » (Rapport de M. Morel.) Après de nombreux arrêts, la Cour de cassation, déterminée surtout par le motif d'éviter ces abus, donna raison aux Congrégations dans un arrêt de la Chambre des requêtes du 13 janvier 1892. (Dalloz, 92 — 1 — 97.) Arrêt dans lequel « elle déclare que la part censée transmise, n'étant qu'une part d'intérêts sans assiette déterminée, la déclaration devant en être faite

____

(1) Premier rapport général de M. Morel au Sénat.

au seul bureau du domicile légal du décédé, c'est-à-dire, dans l'espèce, au bureau du siège social ».

En présence de cet arrêt, l'Administration se trouva dans l'impossibilité d'agir efficacement, ne pouvant constater les faits donnant naissance à l'impôt.

Loi du 16 avril 1895.

La loi de 1895 eut pour but de remédier à cet état de choses ; il fallait que la loi fut respectée, le gouvernement ne pouvait tolérer plus longtemps cette résistance à un impôt légalement établi ; c'était déjà trop que, pendant quinze ans, des sociétés, fussent-elles des Congrégations religieuses, pussent en quelque sorte se mettre au-dessus de la loi. Il fallait trouver un moyen pratique pour arriver au recouvrement du droit d'accroissement, et en même temps, donner droit aux réclamations légitimes, en évitant les injustices et les abus qui, dans certains cas, pouvaient résulter des déclarations multiples.

Pour remédier à cet état de choses, qu'a fait le législateur ? « Il s'est dit qu'au lieu de se battre sur ces questions de procédure qui rendaient la loi inapplicable, il serait beaucoup plus simple et plus équitable de transformer les droits de succession, perçus à des époques irrégulières et à travers des difficultés multiples en une taxe annuelle établie sur les biens qu'on connaît, qu'on voit, qu'on touche, mais à la condition que cette taxe ne représentât pas plus que le droit de succession à percevoir dans un certain laps de temps » (1). (Disc. de M. Ribot. Séance du 16 mars 1895).

(1) Ce n'était pas la première fois que le législateur agissait ainsi, dans le but d'éviter des fraudes, l'Enregistrement arrivant avec beaucoup de peines à découvrir les faits générateurs de l'impôt. La loi du 23 juin 1857 convertissait le droit perçu à l'occasion des cessions de titres, pour les titres au

La loi de 1895 n'établit pas un impôt nouveau, elle détermine seulement un nouveau mode de recouvrement de l'impôt édicté par les lois de 1880 et 1884. Au lieu de payer un droit de mutation lors de chaque décès, lors de chaque accroissement, les Congrégations payeront chaque année une taxe de tant pour cent sur la valeur brute de leurs biens. Mais il fallait que cette taxe produisit la même somme que le droit d'accroissement perçu en vertu des lois antérieures, s'il eût été régulièrement recouvré. Pour qu'il en fût ainsi, cette taxe a été fixée à 0,30 %, et elle a été portée à 0,40 % pour les immeubles possédés par les Congrégations non autorisées qui ne payent pas le droit de mainmorte.

Comment justifier ce chiffre de 0,30 % ? Comment prouver que le taux de cette taxe a été calculé de manière à donner le même produit que le droit à percevoir en vertu des lois de 1880 et 1884 ?

« Pour la perception du droit d'accroissement, dit M. Cochery dans son rapport du 6 novembre 1894, telle qu'elle est organisée par les lois de 1880 et 1884, on peut admettre que les biens possédés par les Congrégations ont une valeur imposable de 416,911,740 francs.

« D'après les données de la statistique, les biens changent de main, par succession, tous les trente-cinq ans environ. » (M. de Foville, *la France économique*, p. 441.)

« D'autre part, les personnes qui se consacrent à la vie religieuse, l'embrassent généralement de vingt à trente ans, soit à vingt-cinq ans en moyenne.

« Or, à vingt-cinq ans la vie moyenne est de trente-sept ans pour les hommes et de trente-neuf ans pour les femmes. Mais, pour s'en tenir à la situation actuelle, parmi ceux qui professent l'état religieux à l'heure présente, beaucoup ont atteint déjà un

porteur et pour ceux dont la transmission peut s'opérer sans un transfert sur les registres de la société, en une taxe annuelle et obligatoire de 0 fr. 12 par 100 fr. du capital desdites actions. Cette taxe est actuellement de 0 fr. 20 pour 100.

âge assez avancé, et, pour eux, la durée probable de la vie se trouve diminuée d'autant. Il se produit en outre quelques retraites donnant également ouverture au droit d'accroissement.

« La combinaison de ces divers éléments d'appréciation autorise à penser que la masse des biens possédés par les Congrégations supporterait vraisemblablement, chaque année, le droit de mutation sur 1/30e, si les religieux exerçaient un droit de copropriété dans ces biens et se le transmettaient effectivement à leur décès ou lors de leur retraite.

« Le 1/30e de 416,911,740 fr. ou en chiffres ronds
de... 417.000.000 fr.
est.. 13.900.000   »

« Le droit d'accroissement, s'il était payé
régulièrement, produirait donc au taux de 9 °/₀   1.251.000   »
                              Décimes.........   312.750   »
                                                 ____
                          Total........   1.563.750 fr.

C'est donc ce chiffre de 1,500,000 francs que la taxe d'abonnement devra produire, et elle doit frapper la valeur brute des biens des Congrégations, qui est en chiffres ronds de 500,000,000 fr.

Or, en adoptant le taux de 0,30 °/₀, on a :

$$\frac{500.000.000 \times 0,30}{100} = 1.500.000.$$

La taxe de 0,30 °/₀ a été portée à 0,40 °/₀ en ce qui concerne les immeubles possédés par des associations non soumises au droit de mainmorte établi par la loi de 1849. Ce droit étant d'environ 0,10 °/₀, la taxe se trouve ainsi majorée d'une somme représentant la charge qui y correspond.

Enfin, la loi exempte de la taxe « les biens acquis avec l'autorisation du gouvernement en tant qu'ils ont été affectés et qu'ils continuent d'être réellement employés soit à des œuvres d'assis-

tance gratuite en faveur des infirmes, des malades, des indigents, des orphelins ou des enfants abandonnés, soit aux œuvres des missions françaises à l'étranger. L'exemption sera accordée ou retirée, s'il y a lieu, par un décret rendu en Conseil d'Etat. »

Ce dernier paragraphe a été ajouté sur la demande de M. Ribot dans le but « d'éviter le retour de nombreuses difficultés contentieuses... C'est donc au pouvoir exécutif, sous le contrôle des Chambres, qu'il appartiendra de statuer sur les immunités. Les tribunaux n'auront pas à intervenir ».

Il faut maintenant justifier cette taxe et prouver qu'elle n'a rien de contraire « au grand principe de l'égalité » tant invoqué par ses adversaires. Mais ceux-ci allant plus loin, et prétendant que, même en dehors du droit d'accroissement, les Congrégations payent plus d'impôts que les Sociétés commerciales, il est utile de démontrer l'erreur de cette allégation en comparant les charges fiscales qui grèvent les unes et les autres.

COMPARAISON

ENTRE LES CHARGES FISCALES GREVANT LES CONGRÉGATIONS ET CELLES GREVANT LES SOCIÉTÉS ANONYMES

Les Congrégations religieuses, au point de vue fiscal, sont-elles grevées de plus d'impôts que les Sociétés anonymes, ou bien au contraire, est-il vrai de dire avec M. Cochery : « Les Congrégations, que l'on déclare sacrifiées, surchargées, payent seulement au point de vue de l'ensemble des taxes qui frappent le revenu 0, 24 % du capital, et les Sociétés anonymes payent 0,334 %. » (Rapport à la Chambre des députés.)

Les adversaires de la loi s'élèvent tout d'abord contre la comparaison que l'on fait entre les Sociétés commerciales d'intérêt privé et les Sociétés d'intérêt général, telles que les Congrégations. « Pouvez-vous assimiler, disent-ils, des sociétés qui ont pour but le lucre et le gain à des associations où tous les membres ont fait vœu de pauvreté et de sacrifice, où tous les membres se consacrent uniquement à des œuvres de dévouement... L'égalité exige que, dans les mêmes circonstances, l'impôt frappe de la même manière tous les citoyens sans acception de leurs qualités personnelles... Tous les citoyens ne paient pas, ne peuvent pas payer et ne doivent pas payer les mêmes impôts, pas plus qu'ils n'ont tous la même profession, la même situation de fortune les mêmes besoins. C'est une inégalité qui tient à l'essence même des choses... Par hypothèse, les sociétés se trouveraient seules à supporter certains impôts ; on ne saurait donc nullement en conclure à une violation du grand principe de l'égalité (1). »

Cette objection n'a qu'un défaut c'est qu'il est facile de la retourner contre ceux qui la font. Dire que les membres des Congrégations ont fait vœu de pauvreté, c'est peut-être vrai, mais ce qu'il faut considérer ici, ce ne sont pas les membres pris individuellement mais bien l'Association elle-même. Or, si l'on admet, au point de vue économique, que les Sociétés de mainmorte sont un danger lorsque leurs biens deviennent trop considérables, des sociétés qui, depuis 1816 jusqu'à nos jours, c'est-à-dire en 80 ans, on sut amasser une fortune de plus de 500 millions de biens connus, devraient être frappées de plus d'impôts que des sociétés d'intérêts privés nécessaires à la prospérité industrielle et commerciale d'un pays.

Nous ne serons jamais d'accord avec nos adversaires sur l'utilité des couvents de pure contemplation, sur l'utilité de ceux où l'on fait confectionner à bas pris des marchandises par les hospitalisés ; marchandises qui, jetées dans la circulation, causent une concurrence contre laquelle ne peuvent lutter ni l'ouvrier ni le petit négociant.

Adopter un tel raisonnement c'est entrer dans l'arbitraire, et

____

(1) M. Rivet, *Etude théorique et pratique sur la taxe d'abonnement* p. 58 et suiv.

nous aussi combien de raisons économiques nous aurions pour dire que les Congrégations seraient seules à supporter certains impôts, « on ne saurait en conclure à la violation du grand principe de l'égalité ».

Contentons-nous donc d'examiner quelles sont, en dehors du droit d'accroissement, les charges fiscales qui grèvent le revenu des Congrégations, et si ces charges sont plus élevées que celles des autres sociétés.

« Les Sociétés civiles anonymes, dit M. Cochery, payent d'abord la taxe de 4 °/₀ sur le revenu réel des actions, et je le calcule en moyenne à 4 °/₀ pour vous donner satisfaction, soit 0 fr. 16 °/₀; elles payent le droit de timbre et d'abonnement, calculé à raison de 0, 06 °/₀ sur la capitalisation des obligations ; la taxe de transmission à raison de 0, 20 °/₀ pour les titres au porteur, environ deux cinquièmes de la totalité du capital, ce qui constitue pour l'ensemble de ces titres un prélèvement de 8 centimes ; elles payent le droit de transfert sur les titres nominatifs ce qui produit, d'après les statistiques, environ un dixième de la taxe de 0, 20 °/₀ et représente, par conséquent, un impôt de 0,01 °/₀ ; elles payent le droit d'enregistrement des actes de Société au taux de 2, 50 par mille sur l'actif net, d'où un impôt de 0, 25 °/₀ pour la durée de la société et l'ensemble des biens, ce qui représente à peu près un impôt annuel de 0, 02 °/₀ ; au total, de 0, 33 °/₀. »

Tandis que les Congrégations payent seulement l'impôt sur le revenu de leurs biens possédés, ce qui fait 0,20 °/₀ ; et le même impôt sur les biens occupés, évalués à 1/5 environ, ce qui fait 0,04 °/₀ au total 0,24 °/₀ (1).

---

(1) « Dans la pratique les taxes à déduire du montant des intérêts ou du dividende sont considérables ; elles atteignent 6 ou 7 °/₀ de ce dividende et de ces intérêts pour les titres au porteur. Une obligation d'une des grandes compagnies du chemin de fer porte une retenue de 1 fr. 05 ou de 1 fr. 10 sur 15 francs d'intérêt, ce qui représente un prélèvement de 7 à 8 °/₀. » (M. Leroy-Beaulieu, *Traité de la science des finances*, t. I p. 404.) On voit que M. Leroy-Beaulieu est absolument d'accord pour les chiffres avec M. Cochery, et il est à remarquer que l'ouvrage date de 1877, alors que la taxe sur le revenu des valeurs mobilières était de 3 °/₀ et non de 4 °/₀.

1o. — Taxe de 4 o/o sur le revenu.

Il n'y a pas égalité, disent les adversaires de la loi du 29 décembre 1884, au point de vue de la taxe de 4 °/₀ sur le revenu, entre les Congrégations et les autres sociétés. Les premières sont, en effet, frappées d'une taxe de 4 °/₀ sur le revenu évalué à forfait à 5 °/₀ de la valeur brute de leurs biens, tandis que les secondes sont atteintes dans leurs revenus vrais, dans leurs revenus réels, dans le dividende distribué à leurs membres. Or le revenu net de la plupart des Sociétés, par rapport à la valeur brute de leurs biens, est en moyenne de 0,50 °/₀, ce qui fait que là où les congrégations payeront 0,20 °/₀ du capital brut, les les sociétés ne payeront que 0,02 °/₀ d'où, en leur faveur, 0,18 °/₀.

L'argument est spécieux, mais il est facile d'y répondre.

Peut-on comparer sérieusement des sociétés telles que la Banque de France, le Crédit Lyonnais, les Sociétés d'assurances, à des associations telles que les Congrégations, au point de vue de l'écart qui existe entre le capital net et le capital brut. Les unes ont un passif considérable qui résulte du genre même des opérations auxquelles elles se livrent, tandis que les autres n'ont pour ainsi dire pas de passif. Vous comptez, par exemple, dans l'actif brut des Sociétés financières, les dépôts, les encaisses de tout genre qu'elles doivent rembourser soit à bref délai, soit même, à vue. Existe-t-il quelque chose de semblable dans les associations religieuses, et ne peut-on pas dire que chez elles l'actif réel, l'actif net se confond avec l'actif brut? (1)

Mais, d'autre part, les Congrégations sont-elles seules frappées de cette taxe de 4 °/₀ sur le revenu de leurs biens évalué fictivement à 5 °/₀? Nullement, c'est le régime du droit commun « pour

----

(1) Le capital brut du Crédit Lyonnais est de 1.300 millions, tandis que le capital net est de 240 millions y compris la réserve, c'est-à-dire à peine un cinquième. Trouve-t-on un écart semblable dans les sociétés du genre des Congrégations religieuses?

toutes les sociétés qui n'ont pas de Conseil d'administration et dont par conséquent la situation ne peut être suivie par l'enregistrement ». Chaque année l'impôt perçu dans ces conditions « représente une somme de 3.900.000 francs acquittée, non par les sociétés religieuses, mais par les sociétés civiles. La loi de 1884 n'a donc eu pour effet que de soumettre au droit commun les associations religieuses ». (M. Cochery, séance du 18 mars 1895.)

L'argumentation des adversaires de la loi est donc complètement fausse ; il est vrai de dire que les Congrégations payent en vertu de la taxe sur le revenu 0,20 °/₀, et les Sociétés anonymes 0,16 °/₀ si l'on évalue le revenu réel de leurs biens à 4 °/₀.

2°. — Droit de timbre et d'abonnement.

Ce droit est calculé à raison de 0,06 °/₀ sur la capitalisation des obligations.

On objecte, là encore, que ce n'est pas un droit de 0,06 °/₀ que payent les sociétés, mais seulement un droit 0,02 °/₀, car « ce droit est calculé sur le fonds primitif à l'exclusion de tout fonds de réserve », or l'on pourrait évaluer en moyenne ce fonds de réserve à quatre fois le capital initial (1).

Quelle exagération, si certaines sociétés ont atteint un fonds de réserve semblable et même l'ont dépassé, combien au contraire végètent, et même disparaissent après peu d'années d'existence, ne laissant pas le quart de leur capital primitif à distribuer à leurs associés ; ce qui n'empêchera pas ces sociétés, tant qu'elles distribueront un dividende, de payer le droit de timbre et d'abonnement sur un capital qui, étant inférieur au capital primitif, se trouvera être alors un droit supérieur à 0,06 °/₀.

Il y a donc là une compensation et l'on peut dire qu'en moyenne ce droit est bien de 0,06 °/₀.

____

(1) Rivet, *op. cit.*, p. 64.

3º. — Taxe de transmission de 0,20 º/₀ pour les titres au porteur et droit de transfert de 0,50 sur les titres nominatifs.

La taxe des transmissions due pour les titres au porteurs, en vertu des lois du 23 juin 1857 et 29 juin 1872, est un impôt du même genre, quant au mode de perception, que la taxe d'abonnement établie par la loi du 16 avril 1895. Comme il était impossible de suivre le mouvement des titres au porteur, et que l'administration le plus souvent eût été frustrée des droits de mutation dus de ce chef, la loi a converti l'impôt en une taxe annuelle et obligatoire de 0,20 par cent francs du capital desdits titres.

Quant aux titres nominatifs ils payent un droit de transfert de 0,50 º/₀ à chaque mutation.

Que représentent ces impôts ! Les titres au porteur dit M. Cochery étant « environ les deux-cinquièmes de la totalité du capital, la taxe constitue pour leur ensemble 0,08 º/₀ » d'autre part « le droit de transfert de 0,50 sur les titres nominatifs produit d'après les statistiques un dixième de la taxe de 0,20 º/₀ et représente par conséquent un impôt de 0,01 º/₀ » ce qui fait au total un impôt de 0,09 º/₀.

Pour arriver à réduire ce chiffre de 0,09 º/₀ les partisans des Congrégations objectent que cet impôt frappe le capital primitif, le capital réel sans tenir compte du capital brut qui est de beaucoup supérieur. « Chaque valeur cotée mille francs, dit M. Rivet, correspond à un actif brut de 6.000 fr., voire même de 9.730 fr. » (1) d'où il faudrait conclure que l'impôt se trouve réduit à 0,0146 º/₀ et même à 0,0096 º/₀ de l'actif brut.

C'est encore le même raisonnement que pour la taxe de 4 º/₀ sur le revenu et l'on peut y faire les mêmes réponses ; On ne

(1) M. Rivet, op. cit., p. 66.

tient compte que des sociétés très florissantes, laissant de côté celles qui déclinent. On peut même ajouter que cet impôt, si minime soit-il, les Congrégations ne le payent pas.

5° Droit d'enregistrement.

« Ce droit est de 2.50 par mille sur l'actif net, d'où un impôt de 0,25 °/₀ pour la durée de la société et l'ensemble des biens, ce qui représente à peu près un impôt annuel de 0,02 °/₀.

Nouvelle Objection. — Vous fixez, dit-on, la durée des Sociétés à 12 ans, quand certaines se constituent pour 99 ans, et vous ne tenez pas compte des réserves qui souvent sont quatre fois plus considérables que le capital primitif. Certainement, parce que là encore nous prenons une moyenne sachant combien de sociétés disparaissent peu d'années après leur création, et qui loin de laisser une réserve, laissent un passif considérable.

CONCLUSION. — En résumé, tous les arguments invoqués par les partisans des Congrégations pour diminuer le chiffre des impôts payés par les Sociétés anonymes peuvent se réduire à ceux-ci : Il faut, disent-ils, calculer les impôts qui les frappent non pas sur la valeur nette de leurs biens, mais sur la valeur brute comme on le fait pour les congrégations ; il faut compter dans leur actif le capital affecté à la réserve.

Sur ce dernier point il est évident que le législateur ne pouvait taxer la réserve, qui est imposée aux sociétés dans un but de prévoyance dans le but de sauvegarder les capitaux des actionnaires. De plus, si on la faisait entrer en ligne de compte, il faudrait faire le calcul même pour les Sociétés anonymes entre elles, car combien n'en ont pas ou en ont une d'une valeur insignifiante.

Quant à l'impôt sur le revenu, s'il est perçu sur le capital brut pour les Congrégations, à qui la faute ? Elles se sont toujours refusées à toutes communications, à toutes déclarations aux agents de l'Enregistrement, c'étaient sans cesse des fraudes, des mensonges, puis des procès interminables. On les a imposées à forfait, ne pouvant obtenir de leur bonne volonté la valeur réelle de leurs biens ; si elles se plaignent aujourd'hui de cet état de choses, qu'elles s'en prennent avant tout à elles-mêmes, à leur mauvaise foi. D'ailleurs c'est à ce régime que sont soumises toutes les sociétés qui n'ont pas de Conseil d'administration, en somme, c'est l'application du droit commun.

Enfin, calculer le revenu des Congrégations sur le capital net ne pourrait modifier de beaucoup les chiffres donnés par M. Cochery, car les sociétés de ce genre n'ont pas de passif, elles thésaurisent mais ne spéculent pas. Leur capital brut est le même que leur capital net, que leur capital réel.

TABLEAU COMPARATIF DES CHARGES FISCALES

GREVANT LES SOCIÉTÉS ANONYMES
ET DE CELLES GREVANT LES CONGRÉGATIONS

Sociétés anonymes		Congrégations	
Taxe sur le revenu . . .	0ᶠ 16 %	TAXE SUR LE REVENU :	
Droit de timbre	0 06 %		
Taxe de transmission . .	0 08 %	1° Biens possédés	0ᶠ20 %
Droit de transfert	0 01 %	2° Biens occupés	0 04 %
Droit d'enregistrement . .	0 02 %		
Total . .	0ᶠ 33 %		0ᶠ24 %

A ces impôts il faut ajouter pour les Congrégations autorisées le droit de mainmorte, établi par la loi du 20 février 1849, qui représente une taxe de 0,06 % sur la valeur totale de leurs biens (1); tandis que pour les Sociétés anonymes qui propor-

---

(1) La taxe de mainmorte produit 347.000.000 fr. pour 500.000.000 de biens. — Aujourd'hui l'égalité, à ce point de vue, est rétablie entre les Congrégations autorisées et les Congrégations non autorisées grâce au droit d'accroissement qui a été majoré de 0,10 % pour les immeubles possédés par ces dernières.

tionnellement possèdent en général moins d'immeubles, on peut dire qu'elle ne représente que 0,02 °/₀.

Ainsi, en dehors du droit d'accroissement, quand une Société anonyme payera 0,35 °/₀ d'impôts, une Congrégation autorisée payera 0,30 °/₀ et une Congrégation non autorisée 0,24 °/₀.

Prenons pour exemple une Société anonyme au capital de dix millions et deux Congrégations, l'une autorisée et l'autre ne l'étant pas, possédant la même valeur de biens :

La Société anonyme payera . . . . 35.000 fr. d'impôts.
La Congrégation autorisée. . . . . 30.000   —
La Congrégation non autorisée. . 24.000   —

D'où une différence de **5,000** fr. en faveur des Congrégations autorisées et de **11,000** fr. en faveur des Congrégations non autorisées.

Les associations religieuses ont donc grand tort de se plaindre en présence de ces chiffres, qui prouvent combien elles sont encore favorisées.

DROIT D'ACCROISSEMENT

A tous ces impôts vous ajoutez, disent nos adversaires, le droit d'accroissement, la taxe d'abonnement de 0,30 °/₀ ; les Congrégations vont donc payer 0,60 °/₀, c'est-à-dire le double de ce que payent les Sociétés anonymes.

Il n'en est rien, car, dans les Sociétés anonymes, cet impôt est payé, mais il est payé autrement.

Tout le capital de ces sociétés est représenté par des titres nominatifs ou au porteur, et, lorsque les détenteurs de ces titres décèdent, leurs héritiers payent les droits de mutation qui s'y rapportent.

Mais pourquoi, ajoutent-ils, fixer ce droit à 11, 25 °/₀ quand la moyenne des droits de mutations perçus par le Trésor est seulement de 2, 63 °/₀. La réponse est bien simple, le droit de

11, 25 % est le droit payé lors des successions entre non parents or, je ne sache pas qu'aucun lien de parenté unisse les membres des Congrégations religieuses.

Pour les Congrégations autorisées il est une objection spéciale. Les membres de ces Congrégations n'ayant aucun droit de propriété sur les biens qui les composent, lorsqu'un des leurs décèdent, en réalité il ne transmet rien aux autres, il n'y a pas transmission proprement dite et, par suite, des droits de mutations ne peuvent être dus. C'est exact, mais on ne peut nier qu'il n'y ait dans ce cas un avantage pour les membres continuant à faire partie de l'association. Or « c'est un de ces avantages très réels, très certains, équivalents par leur importance à des transmissions de biens et qui néanmoins ne constituent pas des transmissions... En 1875, l'Assemblée nationale voulant trouver dans l'enregistrement des ressources nouvelles, atteignit les capitaux assurés par les Compagnies d'assurances pour lesquels il n'y avait pas de transmission par le fait du décès de la personne sur laquelle l'assurance reposait ; néanmoins il y avait un avantage — pour employer l'expression de la loi — recueilli à raison du décès ». (Discours de M. Clausel de Coussergue, séance du 9 déc. 1890).

Enfin, disent nos adversaires, la loi de 1895 frappe uniquement les Sociétés religieuses, et, par suite, elle crée un impôt inique puisqu'il a pour but d'atteindre une catégorie de citoyens qui se consacrent avant tout à des œuvres de bienfaisance, d'assistance et de charité ; les grever d'impôts, c'est s'emparer c'est confisquer le pain des pauvres.

Il y a là deux erreurs grossières. Tout d'abord la taxe d'accroissement frappe non seulement les Congrégations, communautés et associations religieuses autorisées ou non autorisées, mais encore toutes les *Associations non religieuses* visées par les lois de 1880 et 1884, c'est-à dire contenant les clauses de réversion et d'adjonction de nouveaux membres.

La loi est la même pour toutes les associations du même genre : « En dehors des Congrégations, disait M. Ribot, il y a un certain nombre de Sociétés, ou composées exclusivement de laïques, ou ayant un caractère professionnel non catholique, qui payent régulièrement tous les ans la taxe d'accroissement. » (Séance du 16 mars 1895).

Mais il y a les Sociétés maçonniques qui ne sont pas frappées par cet impôt, pourquoi cette faveur, pourquoi ce privilège? La raison en est bien simple, ce ne sont pas là des associations de mainmorte. « La Société de la rue Cadet, disait M. Doumer, est au même titre que le comité royaliste qui siège, si je ne me trompe, dans la rue de Bourgogne, simplement locataire d'un immeuble qui appartient à une société immobilière, laquelle paye nécessairement tous les impôts dont sont frappées ces sortes de sociétés. Les Sociétés qui s'y réunissent sont comme des comités quelconques ou des sociétés de gymnastique qui n'ont pas d'autres revenus que les cotisations. » (Séance de la Chambre du 19 mars 1895). Dans les sociétés de ce genre, chaque individu conserve sa fortune personnelle, ses droits, tandis que les membres des Congrégations aliènent tous les leurs, au profit d'une personne fictive. D'ailleurs, certaines associations religieuses telles que les sociétés de St-Vincent-de-Paul, se rapprochant par leur organisation des sociétés maçonniques, ne payent pas le droit d'accroissement.

Quant à la seconde erreur, elle est injustifiable pour ne pas la qualifier autrement, car la loi elle-même autorise le Conseil d'Etat à exempter de la taxe : « les biens acquis avec l'autorisation du gouvernement en tant qu'ils continuent d'être réellement employés soit à des œuvres d'assistance gratuite en faveur des infirmes, des malades, des indigents, des orphelins ou des enfants abandonnés, soit aux œuvres des missions françaises à l'étranger ».

La taxe d'abonnement édictée par la loi du 16 avril 1895 n'est pas un impôt nouveau venant se superposer aux autres impôts que payaient déjà les associations d'une durée illimitée ; cette taxe représente les droits de mutation à titre gratuit que devrait percevoir l'Enregistrement si les biens qu'elle frappe, au lieu d'appartenir à des associations de mainmorte, appartenaient à de simples particuliers. Tous les citoyens payent un droit de mutation lorsqu'ils reçoivent à titre gratuit, seulement pour ces associations, à cause de leur organisation spéciale, leurs biens ne circulant pas, il a fallu recourir à un mode de recouvrement particulier.

C'est avant cette loi que le grand principe de l'égalité de tous devant l'impôt écrit dans notre droit par la Révolution Française, était violé. Il y avait là une anomalie choquante. La fortune grandissante des associations de mainmorte est un péril, les affranchir de certaines charges fiscales, c'est faciliter leurs aptitudes à thésauriser et, par suite, aller à l'encontre de tous les principes économiques.

CONCLUSION. — Les Congrégations payeront-elles le droit d'accroissement, ou continueront-elles la lutte engagée depuis 1880 ?

C'est plutôt ce dernier parti qu'elles semblent disposées à suivre, si l'on en croit ceux qui se font leurs porte-paroles « Que les Congrégations ne cèdent pas, disent-ils, et le gouvernement reculera devant l'emploi des moyens extrêmes. Si cependant il y recourt, les religieux crieront à la persécution, joueront le rôle de martyr, — rôle qui n'a rien de dangereux aujourd'hui, — et l'opinion publique se prononçant en leur faveur, les lois ne seront pas exécutées et même pourront être abrogées. »

Je crains que les Congrégations ne regrettent plus tard ces conseils de politiciens intéressés. Que le Gouvernement ne cède pas, ce que réclame l'opinion publique c'est que les lois soient appliquées à tous les citoyens, qu'il use de tous les moyens légaux, et devant son attitude énergique les associations religieuses seront obligées de s'incliner ou de disparaître. Ces moyens nous sont tous indiqués dans l'ouvrage de M. Rivet, en cas de résistance, dit-il : « Liquidation de l'arriéré s'effectuant sur des bases plus onéreuses, aggravées d'une amende de moitié, et pouvant aboutir à faire payer le double de la somme originairement réclamée. — La possibilité pour la Régie d'user de toutes, les voies d'exécution. — Le retrait possible de l'autorisation au moyen d'une loi... — La révocation de toutes les affectations consenties par le Gouvernement en reconnaissance de services importants. — Peut-être le refus de l'impôt considéré comme une immoralité justifiant la fermeture des établissements libres d'instruction. »

Enfin pour les Congrégations non autorisées la mise en vigueur du décret du 3 messidor, an XII (21 juin 1804), déclarant « dissoutes toutes Congrégations ou associations formées sous prétexte de religion et non autorisées. » Ce décret n'a jamais été abrogé et il a été reconnu par le Concordat et les Lois organiques.

Déjà sous l'ancien régime, les Congrégations ne pouvaient exister légalement sans l'autorisation du souverain ; en 1764, en 1777 deux édits supprimèrent la Société de Jésus. Tous les Gouvernements qui se sont succédé en France, depuis la Révolution, ont invoqué le décret de l'an XII pour protéger les droits de l'Etat contre les empiètements des associations religieuses.

En 1826, la Cour royale de Paris décide que les Edits royaux visant les Jésuites étaient encore en pleine vigueur et leur enlève le droit d'enseigner. Le Gouvernement de Juillet supprime successivement : en 1830, la Congrégation des Missions de France ; en 1831, les Trappistes ; en 1839, les Capucins de Lyon ; en 1842, les Trappistes du Tarn. Sous le Second Empire, c'est en 1853, la fermeture du Collège des Jésuites de Saint-Michel, à Saint-Etienne ; en 1861, la suppression des Capucins d'Hazebrouck et des Rédemptoristes de Douai. C'est une circulaire du 13 juin 1869 qui interdit toute création nouvelle de maisons d'éducation dirigées par les Jésuites.

Les droits de l'Etat, vis-à-vis des Congrégations, ont été très nettement définis par M. Thiers dans son discours du 2 mai 1845, lors de son interpellation au ministère Guizot, qui se termina par l'adoption d'un ordre du jour invitant le Gouvernement à faire appliquer les lois existantes aux Congrégations non autorisées. « L'Eglise, disait-il, a le droit d'établir dans son sein le principe des Congrégations religieuses, je ne le conteste pas. Mais il y a auprès du droit de l'Eglise, un droit aussi sacré et qui n'a jamais été contesté, c'est celui qu'a l'Etat d'examiner si la Congrégation à établir est admissible dans le pays, si elle est conforme aux institutions, aux lois, aux intérêts de la société... Il y a le droit de l'Eglise sur lequel nous ne devons pas empiéter, mais il y a aussi le droit de l'Etat, sur lequel nous ne devons pas souffrir qu'on empiète (1). »

Lorsque des malheureux trompés, aigris par la misère se coalisent contre une loi, disent qu'ils ne payeront pas un impôt, on les arrête et on les condamne. Si le Gouvernement apporte quelque indulgence à la répression, les cléricaux sont les premiers à crier à l'anarchie. Les rôles sont changés, ceux qui résistent ne sont plus des persécutés et des martyrs, ce sont des criminels. Que font-ils de plus pourtant que ne font aujourd'hui les Congrégations religieuses ?

Que leurs membres ou leurs partisans, pris individuellement, discutent la loi, qu'ils cherchent à élire des représentants qui l'abrogeront, c'est leur droit. Mais que les Congrégations, prises en corps, crient bien haut qu'elles ne payeront pas, qu'elles résisteront, qu'elles se coalisent, qu'elles imposent en quelque sorte la désobéissance à celles qui, prévoyant le danger, sont prêtes à s'incliner, ce sont des faits qui doivent être sévèrement réprimés (2).

Il faut que les Congrégations sachent bien que la loi est faite pour tous et que les associations, plus même que les simples citoyens, ont le devoir d'obéir aux lois légalement votées et de payer les impôts *légalement établis*.

---

(1) Les lois du Concordat interdisent les actes collectifs et par suite les déclarations signées par une assemblée d'évêques.

(2) Les Petites Sœurs des Pauvres ont toujours payé régulièrement le droit d'accroissement.

8158 — Imp. L. Delaroche et Cie, Lyon.

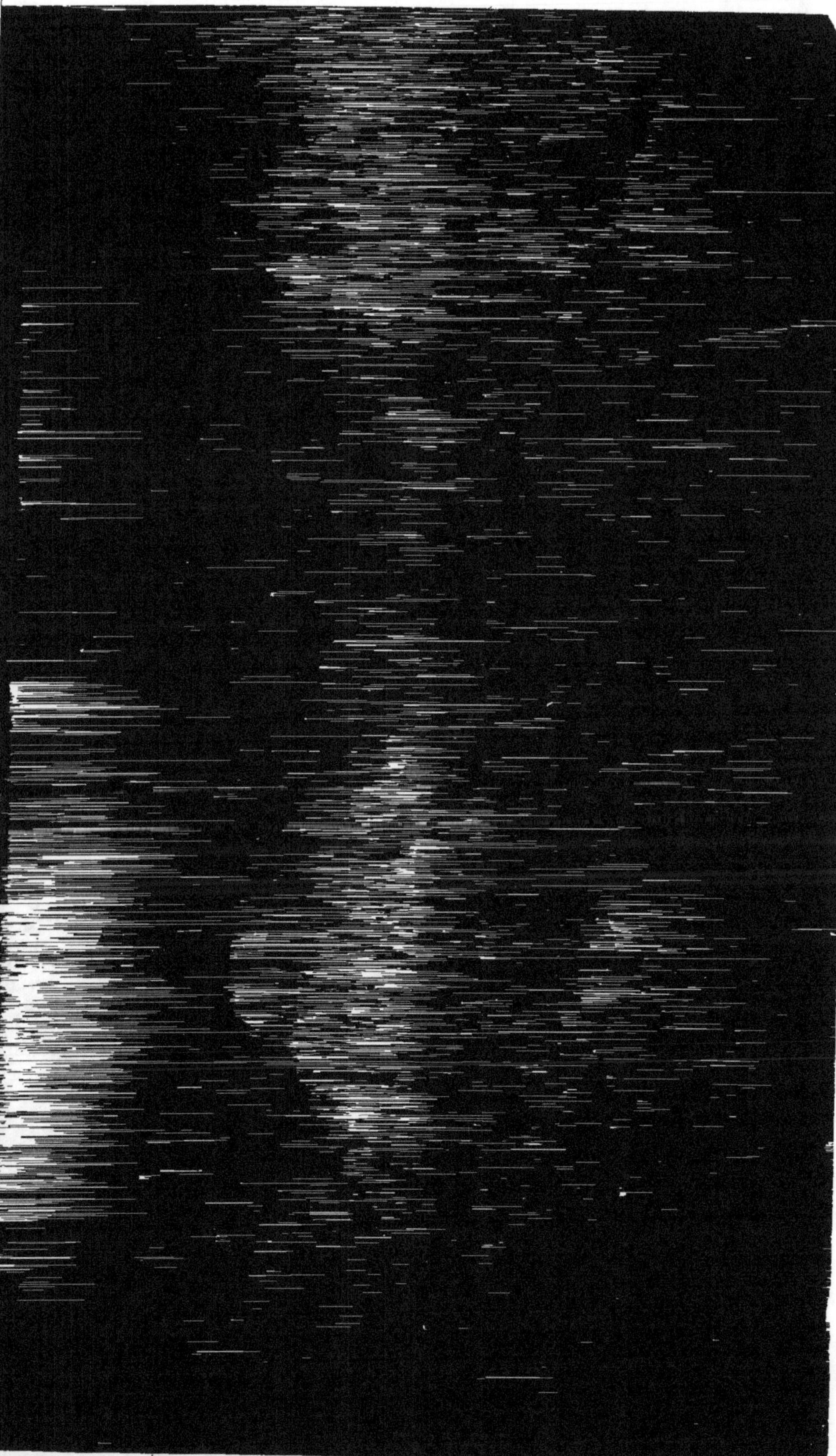